Carlos Henrique Costa

Lira dos sentidos

LIRA DOS SENTIDOS

(2007 – 2014)

Para Simone,
minha querida produtora
visual pré-lançamento,
toda a inspiração
desta lira!

Rio, 30/09/2014

CIRCUITO

COORDENAÇÃO EDITORIAL
Renato Rezende

PROJETO GRÁFICO
Rafael Bucker

PRODUÇÃO GRÁFICA
Jorge Marques

IMAGEM DE CAPA
Sascha Duensing

EDITORA CIRCUITO
Rua Joaquim Silva, 98, sala 201, Lapa
cep 20241-110, Rio de Janeiro, rj, Brasil
Tel./fax: (21)2252-0247 (21)2232-1768
www.editoracircuito.com.br

Dados Internacionais de Catalogação na Publicação (CIP)
(Câmara Brasileira do Livro, SP, Brasil)

Costa, Carlos Henrique
Lira dos Sentidos
1ª ed. - Rio de Janeiro: Editora Circuito, 2014

1. Poesia brasileira 2. Literatura contemporânea 3. Lírica
ISBN 978-85-64022-45-4

13-09944 CDD 709.810904

Índices para catálogo sistemático:
1. Poesia brasileira 709.78633

Para as mulheres da minha vida:
Alayde, Juliana e Jussara.

Agradecimentos

Agradecer é sempre muito pouco para quem deseja homenagear momentos ricos de contribuição, afetos de encorajamento, horas de vida compartilhada. Começo a agradecer já devendo.

E, acima de questionamentos, devo bastante e agradeço, com a limitação humana, a Deus.

Das pessoas com quem convivi durante esse tempo de gestação e publicação de *Lira dos sentidos*, agradeço, sinceramente, a todos, sem pestanejar, porque cada parte de vocês fez o todo que consegui expressar neste livro.

Em especial, nominalmente, homenageio e agradeço àqueles que, em si mesmos, já compõem e representam grandes partes e capítulos do meu fazer escritor e poeta:

Eduardo Junqueira
Sérgio Couto Lopes
W. B. Lemos

Sumário

A folia interminável:

Notas sobre o lirismo antropoético
de Carlos Henrique Costa

Ricardo Vieira Lima

Fernando Pessoa imaginou, certa vez, uma curiosa controvérsia entre Álvaro de Campos e Ricardo Reis, a respeito da definição de poesia. Para Campos, a "poesia é aquela forma da prosa em que o ritmo é artificial. (...) Mas pergunta-se: por que há-de haver ritmo artificial? Responde-se: porque a emoção intensa não cabe na palavra: tem que baixar ao grito ou subir ao canto. E como dizer é falar, (...) e, como a música é estranha à fala, mete-se [?] a música na fala dispondo as palavras de modo que contenham uma música que não esteja nelas, que seja pois artificial em relação a elas. É isto a poesia: cantar sem música.". Essa definição, entretanto, não foi corroborada por Ricardo Reis, que retrucou: "Diz Campos que a poesia é uma prosa em que o ritmo é artificial. Considera a poesia como uma prosa que envolve música, donde o artifício. Eu, porém, antes diria que a poesia é uma música que se faz com ideias, e por isso com palavras. (...) E assim o canto é a forma primitiva da poesia, porque é o caminho para ela" (*Páginas íntimas e de autointerpretação*. Lisboa: Ática, 1996, p. 391).

Com efeito, Carlos Henrique Costa, conscientemente ou não, seguiu à risca a lição de Ricardo Reis, fazendo de sua música uma bela estrada rumo à boa poesia. Porque, ao contrário dos poetas que, num segundo momento, também se tornaram letristas de música (a exemplo de Cacaso, de Paulo Leminski e de Tanussi Cardoso), ou daqueles que sempre exerceram as duas atividades simultaneamente (como Vinicius de Moraes, Capinan, Geraldo Carneiro ou Salgado Maranhão), CHC começou sua carreira artística como cantor, compositor e letrista.

Oriundo de uma família de músicos, sendo seu irmão mais velho violonista e o avô maestro da banda da cidade de Além Paraíba (MG), Carlos Henrique nasceu no bairro carioca de São Cristóvão, mas cresceu em Vila Isabel, onde descobriu a poesia e a malandragem carioca das letras de Noel Rosa, uma de suas maiores influências musicais (não por acaso, compôs e gravou, com o veterano Fred Falcão, a canção "Feitiço de Noel"). Premiado em diversos festivais de música, Costa já foi gravado por grandes nomes da MPB, como Emílio Santiago e Claudya. Tem parcerias inéditas com Taiguara, Hélio Delmiro e Tomás Improta, entre outros. Seu nome, hoje, é verbete no Dicionário Cravo Albin da Música Popular Brasileira.

Mas Carlos Henrique desejava mais. Não queria apenas estar nos livros: queria, também, escrever um. Pois, como ele mesmo disse: "Minha opção foi não ter tido escolha: tomou-me pela mão a mão da poesia.".

Carlos Henrique Costa estreou na poesia brasileira em 2006. Na ocasião, o poeta, jornalista e ensaísta carioca Tanussi Cardoso, no texto da excelente introdução crítica da obra, apresentou CHC: "Carlos Costa preferiu esperar o tempo certo de amadurecimento. Aos 40 anos, presenteia-nos com o livro de poemas *Tempo desejo*, em tempo de bons frutos poéticos. Poemas meticulosos, concentrados, certeiros, cujas estrutura e temática constroem um painel homogêneo, com a segurança de quem já publicasse há muitos anos. Sem querer ingressar em desvios inúteis e paraliterários, (...) Carlos Costa prefere usufruir o viés clássico, dialogando com as grandes vertentes tradicionais brasileiras, mas tentando (...) demonstrar, em sua poesia, características próprias que o levarão, com certeza, num futuro próximo, a atingir sua própria dicção, sua própria linguagem poética.".

Em sua autobiografia literária, incluída nas orelhas do livro, Carlos Henrique explicitou suas influências: Quintana, Drummond, Bandeira e Gullar. Cada um contribuiu, a seu modo, de forma decisiva, para a consolidação da cultura brasileira. Juntos, constituem o cânone particular do poeta.

Tempo desejo reúne 44 poemas que, em sequência, parecem contar uma história. De fato, CHC fez algo raro, em se tratando de um estreante: compôs uma obra conceitual, desde a ideia da capa, até o último poema do livro. Como o próprio título indica, há, na capa, o desenho de uma ampulheta, por onde a areia (ou o *tempo*) escorre, contínua e lentamente, para formar, no fundo do instrumento, a palavra *desejo*. Do mesmo modo, conforme se sucedem os poemas e a leitura avança, o tempo passa e se transmuda em desejo.

Se tivéssemos que escolher uma música, a trilha sonora perfeita para a fruição dessa obra seria o *Bolero*, de Ravel. Como se sabe, essa peça é considerada, por muitos, uma materialização musical do ato sexual. Com seus quase 15 minutos de duração, *Bolero* desenvolve-se num crescendo progressivo que desemboca numa curta modulação em mi maior, assemelhando-se à chegada do orgasmo, em uma relação sexual.

Escrito sob o signo de Eros, *Tempo desejo* inicia-se com um tom reflexivo ("Conspiração"); prossegue em poemas de grande musicalidade verbal, a exemplo de "Ritmo das pedras", "Pintura" e "Instante"; realiza uma crítica mordaz da sociedade contemporânea, em "Paisagem apressada" e em "Protesto"; atinge momentos de um lirismo puro, de alta qualidade literária, sobretudo em poemas como "O sinal de nascença do Pão de Açúcar" e "Trinômio"; porém, a partir de pouco mais da metade do livro, a temática passa a se restringir, exclusivamente, ao lirismo amoroso, quase sempre de cunho erótico.

São 27 poemas cantando o amor e o sexo, em algumas de suas variantes. A cada novo texto, há uma subida de tom. Isso vale para o lirismo ingênuo e romântico de "Diuturno", "Criador e criatura" e "No canto da boca", bem como para certos poemas minimalistas, verdadeiros jogos de amor e ludismo, a exemplo de "Strip-tease" ("Tire tudo./ Só não tire/ os olhos de mim."), "Kama Sutra" ("dentre tantas posições/ prefiro as que me deixam/ dentro de você/ e fora de mim.") ou "Decote" ("Teus seios, pela metade,/ são nádegas por inteiro."). Mas a temperatura sobe, mesmo, na parte final do volume, quando o poeta tira as papas da língua, solta o verbo e produz dois marcantes sonetos disfarçados – "Questões de pele" e "Me fode" –, dos quais reproduzo, a seguir, os tercetos finais, para que se tenha ideia da altíssima voltagem erótica desses poemas: "Por que você não kama sutra até amanhã?/ Por que você não me registra em seus anais?/ Por que você não bebe o sêmen dos meus ais?" ("Questões de pele"). "se foda o passado/ se foda o futuro/ a eternidade é você me fodendo – agora – no escuro" ("Me fode").

Lira dos sentidos, esta nova coletânea de poemas de Carlos Henrique Costa, vem a lume após oito anos de silêncio e aprendizado. Sou testemunha ocular da evolução estilística do autor: acompanhei, de perto, o nascimento (e, eventualmente, a morte) da maioria dos textos que compõem a presente obra. Portanto, me sinto autorizado a assinar estas linhas e a celebrar o talento e o esforço de um artista que encontrou sua voz e alcançou, enfim, a maturidade poética. Como bem observou Tanussi Cardoso, CHC possui o *sentido* da tradição. *Sentido*, aliás, é uma palavra cara ao poeta, e determinante para a compreensão deste livro, como se verá adiante. Quanto à primeira parte do título, inicialmente importa dizer que a mesma remete a alguns clássicos da poesia brasileira: *Lira dos vinte anos* (1853), de Álvares de Azevedo; *Lira dos cinquent'anos* (1940), de Manuel Bandeira, e *Lira paulistana* (1946), de Mário de Andrade. Vale lembrar que, mais recentemente, Geraldo Carneiro, poeta "bandeiriano de carteirinha", também lançou a sua *Lira dos cinquent'anos* (2002).

De todo modo, a palavra *lira* possui um significado amplo. O *Dicionário Houaiss da Língua Portuguesa* registra mais de 10 acepções. Na Antiguidade, a lira designava um instrumento de cordas dedilháveis ou tocadas com um plectro (palheta). Já na Idade Média, esse era o nome dado a um instrumento semelhante à rabeca (instrumento de três ou quatro cordas precursor do violino). No âmbito da literatura, a lira correspondia a um tipo de estrofe ou composição poética, de origem italiana, formada por cinco versos, sendo dois decassílabos e três hexassílabos. Com o passar dos anos, o rigor foi deixado de lado, e o vocábulo passou a designar, também, estrofes com diferentes números de versos. Em Portugal, no século XVII, a lira tornou-se uma canção de métrica variada, em que se repetia um estribilho no fim de cada estrofe, preferencialmente ao som de uma viola. No século XX, o termo foi empregado, ainda, para definir o repertório de letras de música popular reunidas em livro. Por extensão, passou a designar, igualmente, o conjunto de poemas líricos que constituem uma obra literária, e até mesmo o estro ou a inspiração poética.

Lira dos sentidos, no entanto, é um sintagma em que, ao contrário dos títulos de seus ilustres predecessores, citados anteriormente, não há uma referência concreta a uma efeméride de aniversário ou a um determinado lugar. Aqui, importam, sobretudo, os *sentidos*. Todavia, refiro-me, não somente ao processo interno de recepção sensorial, representado pelos cinco sentidos, mas também a tudo aquilo que é percebido, compreendido, apreciado ou julgado, sob a perspectiva dos sentimentos, lembrando-se que o vocábulo em questão pode indicar, também, direção, significado ou propósito.

Tamanha riqueza semântica pode ser encontrada, em profusão, neste livro que o leitor tem agora em mãos. Por esse motivo, Carlos Henrique Costa dividiu, com sabedoria, a presente obra em quatro partes, expressivamente intituladas: "Tempo subterrâneo", "Feixe de espelhos", "Semanário" e "Quatro ensaios de amor".

Se em *Tempo desejo*, como já se disse, houve a predominância de Eros, nesta nova experiência poética CHC ampliou, significativamente, o seu repertório, em termos quantitativos, temáticos e qualitativos. Senão, vejamos. Dos 44 poemas do livro de estreia, salta-se, agora, para 77 textos, distribuídos pelas quatro seções, sendo 34 poemas na primeira; 32 na segunda; 7 na terceira, e 4 na quarta.

Dos 34 poemas de "Tempo subterrâneo", um terço gira em torno de um único tópico: a morte. Nesse percurso de Eros a Tânatos, Carlos Henrique buscou reforço na poesia de Ferreira Gullar, cujos versos servem de epígrafe (e de inspiração) à seção inicial desta *Lira*: "Os mortos veem o mundo/ pelos olhos dos vivos.". Mas, e os vivos? Como eles veem seus mortos? No primeiro poema deste volume, um soneto sugestivamente intitulado "A velhice da morte", CHC fala sobre a doença e a perda do pai:

Apenas eu o via. Não no intensivo tratamento,
mas novamente no homem jovem, forte, firme e lúcido,
fora do tempo subterrâneo, estranho espectador.

O poeta vê aquilo que acredita, e nos traduz em palavras. Quando cria o poema, o poeta materializa o sonho. Com seus olhos de ver além e aquém, ele consegue enxergar por debaixo da realidade. Nessas horas, o poeta alcança o tempo subterrâneo, dimensão onde vivem os mortos, esses estranhos espectadores do mundo, por meio dos olhos dos vivos.

Em *Tempo desejo*, a morte, para Carlos Henrique, era algo longínquo, distante. Isso fica claro quando se lê o único poema do livro sobre o tema, o antológico "A morte do besouro": "Ao pé do abajur,/ a morte do besouro é fato esquecido./ Ninguém na repartição é capaz de lembrar/ há quanto tempo ele jaz próximo ao cinzeiro./ (...)/ Apenas lembro, cada vez que passo por ali,/ que um dia serei besouro/ e, de mim mesmo, nem eu darei conta.".

A perda do pai, contudo, aproximou Tânatos de CHC e gerou a série inicial de poemas de "Tempo subterrâneo". Em "O inseto remorre", por exemplo, dedicado, ironicamente, a Gregor Samsa, personagem central de *A metamorfose*, de Kafka, Carlos Henrique Costa faz uma curiosa releitura de "A morte do besouro":

Ao pé do abajur
ainda aceso,
o besouro morto
é arquivo esquecido.

Ninguém no aposento
retém na memória
desde quando jaz
ao cinzeiro o inseto.

(...)

Apenas receio,
toda vez diante
do ornamento esdrúxulo
em frontal decúbito,
ser besouro humano:
como estranho corpo,
mesmo vivo, morto.

Observe-se que, desta vez, o receio do poeta é o de poder vir a ser um "besouro humano", i.e., um morto-vivo, alguém que não participa da vida em plenitude. Essa ideia prossegue no poema seguinte, "Autópsia", primorosamente composto em dísticos hexassilábicos:

Exumar cicatrizes:
eis minha medicina.

As mortes me redimem
de todos os meus crimes,

toda vez que as retiro
do exílio do jazigo.

Seria masoquismo,
abrir-se em sacrifício?

E se conclui em "Extrema-unção cotidiana", texto novamente composto em dísticos, mas agora com o uso do verso octossílabo e da rima toante, duas heranças do poeta pernambucano João Cabral de Melo Neto:

Ó Deus! Nesta hora iminente,
quando morrer é minha sina,

unge-me do arrependimento
de não ter por inteiro a vida.

Resgata em mim o privilégio
de ser eterno, dia a dia.

Poeta de poetas, CHC dialoga com seus mestres, embora sem manter uma postura de submissão ou de enfrentamento. O saldo é bastante positivo, por exemplo, num poema como "O cemitério cumpre seu ofício", um impecável soneto alexandrino dedicado ao poeta Ivan Junqueira – que, por sinal, assina a apresentação deste livro –, assim como em "De mãos dadas", homenagem tocante ao poeta Carlos Drummond de Andrade. Há, ainda, diálogos profícuos com as obras de outros artistas, ao longo de "Tempo subterrâneo", a exemplo dos poetas Mário de Andrade (v. "O inédito crime") e Charles Bernstein ("Este poema"), bem como do músico Paco de Lucía ("Entre duas águas").

Com efeito, aos poucos o tema da morte vai sendo substituído pelo tópico da metapoesia. Carlos Henrique explora esse veio temático com tanta propriedade, que nos leva a pensar que esses poemas constituem o núcleo mais forte do livro. Cito, como exemplo, os poemas "Insônia", "Segredo", "Meu poema", "Um poema", "Publicação", "Epitáfio poético", os já referidos "Este poema", "O inédito crime" e "Entre duas águas", além de "Poesia" e "Prece urbana à Poesia", o qual transcrevo abaixo, na íntegra, em razão de seus méritos:

Escreve o meu olhar
na paisagem, Poesia,

pois meus olhos tropeçam
toda hora no aéreo
concreto dos andares.
Por isso, necessito
de tua mão destra, douta,
e estou vivo, assumindo
no rosto o céu restante,
o redentor compasso
de quase não ter pressa.

O poema acima é uma prova cabal do nível de excelência alcançado pelo autor. No livro de estreia, por vezes o texto transitava entre letra de música e poesia, de tal forma que, em alguns momentos, não lograva atingir nenhum dos dois gêneros. Nesta *Lira dos sentidos*, vê-se que isso não ocorre mais, pois não há qualquer hesitação ou hibridismo, mas sim domínio de linguagem.

Poeta lírico desde sempre, Carlos Henrique Costa elabora, nesta obra, um novo conceito: o do lirismo *antropoético*. Neologismo formado a partir da fusão do radical *antropo* (homem) com o vocábulo *poético*, o lirismo antropoético é aquele em que o elemento humano torna-se o centro da poética, gerando, assim, um tipo de simbiose entre vida e escrita:

Sou um poeta fortemente lírico
e um homem suavemente lúbrico
- antropoeta mediamente híbrido.

Procuro viversejar em meu íntimo
a música humanamente dinâmica
e a poesia divinamente sêmica.
("De minha natureza antropoética")

Observador sagaz do humano em suas inúmeras variáveis, CHC, em "Feixe de espelhos", mergulha na vida cotidiana e dela extrai a matéria-prima para a criação de dezenas de epigramas originais, reflexivos e irônicos, honrando, desse modo, uma tradição que, em língua portuguesa, remonta, ao menos, a Gregório de Mattos e a Bocage, e que, posteriormente, entre nós, já foi cultivada por nomes como Emílio de Menezes, Manuel Bandeira, Lêdo Ivo, Millôr Fernandes e Mario Quintana (principal referência do autor, no presente volume).

Há epigramas para todos os gostos: desde os filosóficos ("Da decisão", "Da fraude", "Das opções", "Do perfil"), passando pelos sentimentais ("Da solidão", "Da paixão", "Do matrimônio"); pelos satíricos clássicos ("Do humor", "Da superstição", "Do piropo"); pelos sociais ("Dos microfones"); pelos eróticos ("Dos profissionais do sexo"); pelos musicais ("Da parlenda"), e, *por supuesto*, pelos literários ("Do voo da escrita", "Do palimpsesto"). Cada leitor certamente terá suas preferências. Recomendo, com entusiasmo, a leitura de todos os epigramas, mas, no momento, citarei, integralmente, apenas um, o genial "Das publicações": "Há mais livros publicados do que escritos.".

"Semanário", penúltima seção desta obra, contém apenas 7 poemas, sendo um para cada dia da semana. O objetivo do poeta foi o de retratar as peculiaridades de cada dia, no que foi muito bem-sucedido. A epígrafe de Clarice Lispector antecipa o tom desse pequeno grupo de textos: "O que me mata é o cotidiano. Eu queria só exceções.". Não por acaso, todos os 7 poemas têm como metro a redondilha maior (uma referência à quantidade de dias da semana), e a soma total dos versos de cada poema resulta, sempre, num número múltiplo de 4, progressivamente. Assim, o primeiro poema tem um total de 8 versos, e o sétimo, 32. Prova de que a poesia também se alimenta de obsessões.

Lira dos sentidos se encerra com uma seção espirituosamente intitulada "Quatro ensaios de amor", como se o poeta quisesse teorizar sobre o tema – o que, de resto, felizmente não chega a ocorrer. São quatro sonetos construídos de acordo com a melhor tradição da lírica amorosa, sendo os três primeiros rigorosamente rimados e de metro alexandrino. O último poema do volume é um admirável soneto em versos brancos, com métrica flutuante entre 19 e 22 sílabas, algo surpreendente para os padrões atuais, e que merece ser louvado.

Tanussi Cardoso acertou em cheio, ao prever que Carlos Henrique Costa, num futuro próximo, conquistaria sua própria dicção poética. *Lira dos sentidos* comprova, à saciedade, que esse dia já chegou. CHC escreveu este livro com talento, vigor e alegria. Resta-nos, pois, torcer para que o autor continue a fazer da poesia, como ele mesmo nos diz em um de seus versos, uma "folia interminável".

Carlos Henrique Costa

LIRA DOS SENTIDOS

(2007 – 2014)

O homem é do tamanho do seu sonho.
Fernando Pessoa

I

TEMPO SUBTERRÂNEO

Os mortos veem o mundo
pelos olhos dos vivos.
Ferreira Gullar

A VELHICE DA MORTE

para Oswaldo

Meu pai fez questão de minha presença nas despedidas,
como testemunha de seu velório e sepultamento.
Quando seus outros filhos me comunicaram o óbito,
transpareceu a ele minha resistência à notícia.

Perante minha palidez, meu pai despontou em sonho:
– Filho, antes eu era só um pesadelo transeunte.
Agora, enfim liberto da velhice de minha morte,
quero que despertes para o meu imóvel nascimento.

Ao longe, avistou-lhe o esquife dirigindo-se ao jazigo
inadiável pelas mãos voluntárias do protocolo.
O séquito, consternado, não o percebia à espreita.

Apenas eu o via. Não no intensivo tratamento,
mas novamente no homem jovem, forte, firme e lúcido,
fora do tempo subterrâneo, estranho espectador.

A VIDA

A vida nem sempre é estar diante do abismo da página em silêncio
e atirar-se sem paraquedas nos desvãos da palavra precisa à artéria suicida.

A vida nem sempre é o hiato tornado ditongo entre a infância andrógina
e a madureza incestuosa: colegas de jardim regando o parque imemorial de orgasmos.

A vida nem sempre é a uva líquida engarrafada de surpresas dançarinas,
reinventando horas felizes ao sabor desencontrado entre rolha e abridor.

A vida nem sempre é o farol transeunte, estonteando embarcações ancoradas
no paralelepípedo consagrado ao criador, e diluído em peixe pela criatura.

CONSIDERAÇÕES SOBRE A MORTE DO PAI

para Hermann da Fonseca Vianna

Morrer, para ele, nunca foi um gesto breve. Durou o tempo de um ano. A imprecisão eterna do sorriso infantil fragmentado na sisudez do corpo feito estátua, congelado entre flores, rendas e madeira sob medida.

Morrer, para ele, nunca foi um gesto fácil. Durante o transcurso, a mesma indagação: – Por que não me transmutaram inteiro em cinzas, em vez de reduzirem apenas meu coração a uma urna de ossos e saudade? Devo ter cometido o maior dos crimes em vida para ser condenado à prisão perpétua de ser órfão de meu sêmen-do-meio tornado gente. Faltou-me a onipotência do herói que impede o corte estúpido da história e salva em seu colo a menina-alegria, condecorando-o com sua admiração única e visceral.

Morrer, para ele, nunca foi um gesto leve. Abriram-lhe o peito todos os dias do ano. Desentranharam-lhe cada memória fugidia de sua princesa de maria-chiquinha e boneca de pano. Nem o consolo da companheira de sempre, nem a continuação de sua vida no anjo moreno de cabelos lisos foi bastante para deixá-lo menos desejoso de ir a seu encontro.

Por tudo isso, o morto pesou pouco. Porque já não estava sendo velado e sepultado como há um ano: quem ali estava era um homem leve, levíssimo, outra vez de mãos dadas à delicada e inseparável trança, novamente menino por vir à luz o aniversário de sua resgatada paternidade.

ANIVERSÁRIO DOS DIAS

Saio para o trabalho como faço há vinte anos. Mas não o faço como há vinte anos. Enrijeceram-se os traços, desapressaram-se os passos, enfraqueceram-se as frases. Rumo ao dia a dia, mais dias ou menos dias não fazem diferença.

Apesar da vaidade que ainda resta de folga, a velhice é uma verdade que prefiro não ressaltar. Por favor, não me adulem com o prêmio da experiência por manter-me há tempos a serviço da sobrevida! Tudo são desculpas, que se estilhaçam no espelho do homem que hoje se mostra, e no espelho do homem que não mais se mostra. Pudesse, jogava-os fora, tornando a ser quem não sou: a eternidade atravessando a rua.

Nas bancas de minha lucidez, a manchete: *Todo homem é o fato de estar morrendo.*

Amanhã, não sei se faço ou desfaço anos. Não sei quando deixei de me dar parabéns. Perdidas a preciosidade e a precisão do dia, nada de comemorações.

Os dias envelhecem apenas no calendário dos homens,
porque ninguém sabe ao certo quando os dias aniversariam.

O INSETO REMORRE

para Gregor Samsa

Ao pé do abajur
ainda aceso,
o besouro morto
é arquivo esquecido.
Ninguém no aposento
retém na memória
desde quando jaz
ao cinzeiro o inseto.
Também não suponho,
embora amiúde
por ele transite,
há quanto figura
já incorporado
à sorte dos móveis.
Apenas receio,
toda vez diante
do ornamento esdrúxulo
em frontal decúbito,
ser besouro humano:
como estranho corpo,
mesmo vivo, morto.

AUTÓPSIA

Exumar cicatrizes:
eis minha medicina.

As mortes me redimem
de todos os meus crimes,

toda vez que as retiro
do exílio do jazigo.

Seria masoquismo,
abrir-se em sacrifício?

Ou reciclar o lixo
autopsicanalítico?

Desarquivar abismos,
pilares movediços;

banhar em sal os cílios
do corpo seco e míope;

reabitar a vida
dos erros mais longínquos;

investigar a origem
de tantos desatinos,

distúrbios, desvarios,
internações no hospício

do amor urdido em vício,
em sangue, em sudoríparos;

lacunas em registro:
o pai, a mãe – o início.

Haverá anestesia
para conter as vísceras,

fraturas infinitas,
expondo à luz o espírito

deste homem sensível,
como aéreo edifício?

Será que valho o risco
da cirurgia íntima?

Por ser especialista
em trapaças intrínsecas,

se houver hemorragia,
terei eu sangue frio

para ver a anemia
dessedentar raízes?

Diagnosticar as crises
com precisa perícia.

Assim é o meu ofício:
remover facas vivas.

A MÃO SILENCIOSA

A mão silenciosa se avizinha.
Meus olhos já não tardam a fechar.
Procura persistente pela minha
a mão vindoura há tempos pelo ar.

Meu gesto se esquivando ao cumprimento
de quem deseja agora interromper
o curso acontecido até o momento,
um rio quase enxuto de correr.

Os dedos, bem mais longos do que os meus,
parecem garras firmes de partir
os ossos do mais forte dos ateus,
as preces do mais crédulo faquir.

As veias são senis sinais de adeus.
Mas eram avenidas sem temor.
A palma tem as linhas como breus:
a bola de cristal quebrou a cor.

A mão silenciosa faz menção
de sempre desligar o abajur
na hora inadiável, como unção
àquele que se entrega a um novo tour.

O CEMITÉRIO CUMPRE SEU OFÍCIO

para Ivan Junqueira

Segue horizonte abaixo a procissão de cruzes,
como um coral de estandartes em oração.
De baixos a sopranos, parecem jesuses
suplicando em silêncio por sua ascensão.
As capelas hospedam rodízios de velas,
suspensas, estiradas – sempre em movimento.
Inquilinato inato, inapagáveis telas,
cujo despejo, cuja exposição ao vento
transforma-nos em cinzas, flores, ossos, cristos
miseráveis, mercê dos caprichos de Deus.
Daí o ritual irônico do assombro
diante do final dos filmes, sempre vistos
com personagens de outra gente, não dos meus.
O que antes era vida agora é só escombro.

EXTREMA-UNÇÃO COTIDIANA

Ó Deus! Nesta hora iminente,
quando morrer é minha sina,

unge-me do arrependimento
de não ter por inteiro a vida.

Resgata em mim o privilégio
de ser eterno, dia a dia.

INSÔNIA

Insone, em brutal enfermidade,
detenho-me exaurido à recorrência
a ser transposta ainda à eternidade:
poema – ritual de resistência.

Meu nome, virtual realidade,
preenche formulário de existência.
Durante o dia inteiro já me invade
o anúncio de esgotar-me em penitência.

E não deito, e me sento, não desisto,
de joelhos à palavra com olheira.
Linguagem de vigília em que me visto
de simples portador da sementeira

de pálpebras ainda não vencidas,
de cílios por enquanto não cerrados,
de mãos sobre o teclado soerguidas,
de versos por silêncio entrecortados.

Insônia? Mais que insônia: tentativa
de vida além da cota reservada
ao corpo, pela mão da fugitiva
ideia de partir sem deixar nada.

SEGREDO

Sabe o homem?

O poeta na gaveta?
O advogado na parede?

Paletó, gravata: escritório.
Caderno, caneta: restaurante.

O doutor recorreu ao escritor para ganhar a causa?
O escritor recorreu ao doutor para ser publicado?

O homem sabe.

DESTRO SINISTRO

Destro a contragosto
– pois me foi imposto
por pátrio ministro
em ação protetora
de ordem motora –,
fiz-me outro sinistro.

Sinistro ambidestro,
sustento meu estro
à custa de perda,
pois, na contramão,
sempre há colisão:
direita ou esquerda?

Daquilo que preste,
a caneta, ao leste,
compensou o trauma.
No mais, foi mais forte
o canhestro norte
cravado na alma.

No gesto primeiro,
por si, por inteiro,
o inato ocidente.
No pente, na escova
de dentes, a prova:
o torto na frente.

O certo, o direito
tem mais do que um jeito

de se apresentar.
Há sempre outro flanco.
Mais raro. Mas franco:
avesso polar.

Mantidos à margem,
fecundam a vargem
com grande mestria.
Chamados nocivos,
ou subversivos,
porque minoria.

E queimados eram
porque não quiseram
apagar suas luzes.
Ou, por preconceito,
deram-lhe o defeito
de ferir as cruzes.

Mesmo impopulares,
nas ruas, nos lares,
os endiabrados
são sobreviventes
de mentes dementes:
os destros diabos.

O ESPORÃO

Às sete da manhã,
a lua temporã
me segue pelo Aterro.
Retorno às caminhadas,
após férias forçadas –
espécie de desterro.

Caseiro mais que a casa,
virei ave sem asa.
Porém, foi espontâneo
fundir-me quase aos cômodos,
exceto por incômodos
calcados no calcâneo.

As vezes das pegadas
fizeram, digitadas,
inúmeras das resmas
há tempos arquivadas
à espera de jornadas
de histórias, não as mesmas.

Relatos diferentes
surgiram em repentes,
em cenas esquecidas.
As crônicas de infância,
alguma reentrância
nas pernas estendidas.

Estranho estado agora
perder o passo, a hora:

os pés numa compressa.
Deixar os afazeres
de lado, por prazeres
de uma escrita sem pressa.

Aurora em celulose,
evito a esclerose
no ócio criativo.
E amplio a expressão
em mão e contramão,
atleta redivivo.

Distante já das teclas,
transito entre os asseclas
do corpo em movimento.
Persiste a inflamação.
Porém, o esporão
de não criar, enfrento.

DE MÃOS DADAS

O poeta mineiro
Carlos Drummond de Andrade
recebe em Itabira,
sua mineral cidade,
o poeta carioca
Carlos Henrique Costa,
que se lhe mira e admira,
desde a primeira idade.

Os xarás de batismo
dão-se as mãos afinal:
de nome próprio simples,
o escritor paternal;
já de nome composto,
o discípulo sobe
as montanhas de Minas
em gesto filial.

Afinidades ligam,
na vivência e no verso,
professor e pupilo:
pelo nome de berço,
pelo nome poético,
coincidentemente,
heptassílabos átonos,
hexassílabos tônicos.

O gauche foi expulso
do internato em Friburgo
por desentendimento

com a língua da vaidade.
Eu, tendo escrito poemas
em vez de equações,
noutro internato, em Angra,
fui preso em liberdade.

Drummond, cuidando os versos,
foi até à farmácia.
O remédio deu certo:
público funcionário.
Henrique, menestrel,
levou a sina a sério:
poema, prosa, música.
Patrão? Judiciário.

Deram vida a mulheres:
por Drummond ganhou mundo
Maria Julieta,
como Carlos Henrique,
também nome de nomes,
tornou real o sonho
por apenas um nome,
parente: Juliana.

A obra de Drummond
são minas de tesouro:
de ferro, pedra, ouro –
herança sem talvez.
A obra de Henrique
são rios de janeiro
crescendo o tempo inteiro
nos mares que não fez.

MEU POEMA

para Ricardo Vieira Lima

O meu poema só guarda poesia
quando está pronto. Quando, entre a ideia
e o texto já escrito, a mestria
tece mais outro poema que estreia.

O meu poema só nasce perfeito
quando, entre o abstrato e o concreto,
pode um defeito se tornar efeito:
a mudez transformada em dialeto.

Maquinaria alguma, ou invento
que desmanche o mistério me apetece.
O mistério da alma no momento
em que o real poema me atravesse.

Enquanto eu viver, não sei a que ponto,
perseguirei o não dito, o não feito.
O meu poeta é meu eu, nato, pronto.
O meu poema é meu outro em meu peito.

ESTE POEMA
para Charles Bernstein

Terá este poema a pretensão de ser acessível?
Talvez nele não haja nada, de algum modo, incompreensível.
Seria excessivamente direto?
Não parece apregoar conceitos ou teorias em sua ânima.

Por princípio, não se configura como hermético.
Ao leitor apurado pode soar lugar-comum.
Espécie de confissão,
supõe-se premiar a letargia,
subestimando as armadilhas com que a arte liberta.

Quantas estrofes, quantos versos, quantos vocábulos?
Que potência, que alcance, que longevidade?
Não posso precisar.
Assemelha-se a uma tentativa de assumir-se, e só.
Autor, leitor e obra – por sua presumível presunção – nivelam-se.

Este poema não se avizinha ao conto, à crônica.
E talvez nisso resida a sua história.
Seu tom é supostamente afirmativo,
ainda que escasso de originalidade e escola.

Este poema não tem como ostentar diploma.
Nem prenunciar moda, etiqueta.
Apenas deseja dizer o que lhe cabe dizer.

UM POEMA

Um poema, a um tempo, divisor e múltiplo
de si mesmo: um só em muitos; singular,
plural; divisível-inteiro; númer'inúmero.

Um poeta, feito cozinheiro, receita:
saber provar, bem antes de servir;
e ser aprovado, logo após servido.

Pelo poeta, eis o poema: bandeja
de ideias perdendo a medida na saliva
empalavrada e apetitosa da leitura.

PUBLICAÇÃO

O poeta é o repórter da linguagem.
Entrevista a emoção,
devidamente grava-a.

Mais tarde,
ao editar as impressões,

(sin [te) { ma (tiza)] }

o fato, filtrando as palavras
que vão compor a mensagem.

Assim, com talento e coragem,
transforma os versos em notícia.

O INÉDITO CRIME

para Mário de Andrade

Desfigurar o sublime,
degenerar o meu punho.
Eu não cometo esse crime,
eu não publico rascunho.

Não me enriquece ou exprime
torná-lo meu testemunho.
Eu não cometo esse crime,
eu não publico rascunho.

Versos de vento ou de vime
jamais assino ou alcunho.
Eu não cometo esse crime,
eu não publico rascunho.

Melhor gaveta que esgrime,
melhor o a limpo que empunho.
Melhor rasgar esse crime,
melhor matar o rascunho.

EPITÁFIO POÉTICO

Aqui jaz a Poesia.
Causa mortis: profundo
lugar-comum.

Ela até poderia
contemplar todo mundo.
Não qualquer um.

Preferiu moradia
em lugar mais fecundo:
lugar-nenhum.

POESIA

Superlativo absoluto sintético de *palavra:*
por tanto que diz não dizendo,
por pouco não diz em silêncio.

PRECE URBANA À POESIA

Escreve o meu olhar
na paisagem, Poesia,
pois meus olhos tropeçam
toda hora no aéreo
concreto dos andares.
Por isso, necessito
de tua mão destra, douta,
e estou vivo, assumindo
no rosto o céu restante,
o redentor compasso
de quase não ter pressa.

DE MINHA NATUREZA ANTROPOÉTICA

Sou um poeta fortemente lírico
e um homem suavemente lúbrico
– antropoeta mediamente híbrido.

Procuro viversejar em meu íntimo
a música humanamente dinâmica
e a poesia divinamente sêmica.

Eis meu laboratório antropoético:
inata anormalidade profética,
culminada em revelação esdrúxula.

MINHA FILHA, MINHA OBRA

para Juliana

Minha filha, minha obra,
como um livro, não termina.
Uma vida se desdobra
publicada na retina.

Minha filha, minha sobra,
minha sombra pela esquina.
Propriedade que redobra
dividendos de outra sina.

Minha filha, minha cobra,
inocula em mim morfina.
Contraria com manobra
meu controle, sem vacina.

Minha filha, minha obra,
aos leitores mais divina.
Prima em arte que já logra
obra feita, obra-prima.

O QUE SE MOSTRA

O que se mostra tem de ser afeito
a alavancar de noite o seu destino.
O que se mostra em ruas mais estreito:
fio de ilusão, começo onde termino.

O que se mostra tem de ser perfeito,
com aroma agradável, aprazível.
O que se mostra tem seu próprio jeito
de apresentar-se aos olhos invisível.

O que se mostra tem de ter efeito
como obra de arte, quase incrível.
O que se mostra não exclui defeito,
a não ser quando toca o intangível.

O que se mostra tem propriedade
em se tornar maior do que já é.
O que se mostra ilustra a liberdade
em perfeição, em luz, em sombra, em fé.

ENTARDECER

Em tarde ser aquilo que se é
não é ser tarde para ser inteiro,
não é ser tarde para ser ligeiro,
a ponto de dar tempo de dar pé.

Em tarde ser aquilo que se é
não é a noite ser à luz do dia,
não é a manhã ser na noite fria,
extemporâneo tempo – marcha à ré.

Em tarde ser aquilo que se é
não é o adiamento preguiçoso,
não é o perfeccionismo desditoso
de não viver seu tempo, sua fé.

Em tarde ser aquilo que se é
não é desafiar quem for precoce,
não é tornar mais velho quem não fosse,
não é desalojar o tempo até.

Em tarde ser aquilo que se é
é não desmantelar o acontecer,
sem pressa e saboroso igual café:
é ser o que se quer entardecer.

HORA FUGIDIA

Que graça teria
ser eterno? Mente:
os dias, que, num dia,
te põem de frente
a uma inércia fria,
estranha e presente,
te dão energia,
embora doente:
a falsa alegria
de viver somente
a hora fugidia.

ESCAMBO

Trocar o ponto pela reticência.
Trocar a pauta pelo improviso.
Trocar os olhos pela inconsciência.
Trocar a hora pelo desaviso.

Trocar a soma pela repartida.
Trocar o passo pelo arremesso.
Trocar o sempre pela despedida.
Trocar a história pelo recomeço.

Trocar o saldo pelo especial.
Trocar a casa pelo aluguel.
Trocar o mesmo pelo nada igual.
Trocar as telhas pelo mar e céu.

Trocar a festa pelo estar comigo.
Trocar a chave pelo estar à solta.
Trocar o teto pelo desabrigo.
Trocar o dia pela luz revolta.

Trocar o tudo pelo nada feito.
Trocar a morte pela vida afora.
Trocar a posse pelo que é direito.
Trocar o tédio por desejo agora.

A CIGANA E O APRENDIZ

A minha mão, o que diz?

Serei, ou não, feliz?
Terei cabelos gris?
Viverei por um triz?

A minha mão, o que diz?

No amor, haverá bis?
Em que lábios, quadris:
Cris, Beatriz ou Lis?

A minha mão, o que diz?

Um homem, na raiz,
de gestos mais gentis?
Ou de critérios vis?

A minha mão, o que diz?

Que equação, matriz
resolverá o xis:
lacunas pueris?

A minha mão, o que diz?

Serão sinais senis?
A profissão de giz?
Neurônios mais viris?

A minha mão, o que diz?

Terei o que bem quis?
Corpo e alma juvenis?
Ou só esta cicatriz?

ICEBERG DE AÇÚCAR

Sobrevém o iceberg
ao oceano de andares.
Como adoça as pupilas,
mineral esperança.

Da janela do décimo,
outro andar já refreia:
protocolo violado
pelo cume da pedra.

Ei-la – glande promíscua –
penetrando a paisagem.
Desmanchado o relógio,
amanhã dou entrada.

Titanic ao reverso,
meio emerso do rio.
Chafariz de baleia
hidratando o meu dia.

MAR ADENTRO

para Ramón Sampedro

Mergulhei a medula mar adentro.
A memória de minha juventude
ancora numa pedra de arquipélago
que antes fosse jazigo de meu corpo.

A janela de meu quarto é um istmo,
uma passagem para a terra fértil
onde remam meus braços, minhas pernas,
e onde o amor ainda é minha bússola.

Porém, agora, o mar é só um leito
inerte e insone, como um barco inócuo.
Hei de lhe dar sentido novo, nobre.

Passados trinta anos do naufrágio,
só me resta matar o morto emerso
e viver, para sempre, mar adentro.

DISFARCES DO ACASO

I

Sempre a postos contra os disfarces do acaso, jamais subestimo a resistência da razão à mudança que se precipita. A submissão ao fingimento levou-me ao vício de me substituir por meus personagens. Por isso as histórias careciam de verossimilhança. Hoje, reendereço-me, sem mudar para o outro. E desconfio, sempre, do que apregoam como sinais. Legítimos, só os de nascença. Os demais são dúvida.

II

Caminho em paralelas que se cruzam. Minha hora é pontual como a eternidade. E não me importa estar quilômetros atrás de mim ou à minha frente. Alcançar-me é o que me altiva. Felicidade é ir e vir em minha direção. As diferenças e afinidades que me coabitam que se harmonizem pelo ensaio da convivência. Eu e mim somos quatro mãos que ainda não tocaram junto o bastante. Serei, um dia, tão meu, a ponto de ser apenas um?

ENTRE DUAS ÁGUAS

para Paco de Lucía

Entre duas águas, sou um homem-rio, andante em corrente, margeado por limites que repudio, porque não são meus, apesar do cansaço que se abate sobre os músculos e nubla as pálpebras.

Saber-se humano e finito é compreensível. Incompreensível é reconhecer-se, apesar de humano, infinito.

Entre a vida e a morte, caminho. Nem tão firme, porque poder me falta. Porém firme, porque desejo me sobra.

Sou margem vencida e vencedora, por me entender escritor nos passos cujas pegadas são palavras – rastros de rascunho. Meus versos são as histórias que vivo, percorro e persigo, e sei que estão, desde a fonte que explode a pedra, condenados à foz enxuta.

Entre duas águas, sou a terra onde cravo as unhas, que crescem, a despeito de cortá-las o destino prescrito, e onde me planto nômade, porque tenho sede e fome de viver e morrer, em busca de uma obra que seja minha.

INVENTÁRIO DE UM NOVO HOMEM

Deserdei meus criadores da dívida que imaginava ter com eles.
Não sou devedor de existência alguma. Minha vida se escreve por mim.
Sou o amálgama entre o que escolhi e o que foi preciso aceitar.
Jamais respeitei a ditadura do agradecimento arrancado a inquérito.

Tenho em minhas desgraças pessoais a cumplicidade da subversão.
Sobreviver é necessariamente menor, mesquinho e menosprezante.
Minha subinterpretação de bom moço teria dado resultado?
Não sou belicoso, porém mato meus inimigos com meu afastamento.

Que mal haverá em ter desejo, em ser regido pela lei de si mesmo,
que não os danos decorrentes da felicidade de ser por inteiro?
Estarei sempre em débito com aqueles que não sabem doar sem volta,
condenando-me a rasgar meu destino de indivíduo, único e legítimo?

Não. Basta de sentir-me bastardo por ser dotado de inventário próprio.
A meus deserdados, resta a renúncia, voluntária ou não, ao novo homem.

II

FEIXE DE ESPELHOS

A nossa própria alma apanhamos em flagrante
nos espelhos que olhamos sem querer.
Mario Quintana

DA DECISÃO

Ou este homem que não posso matar
se decide pela vida, finalmente,
ou os fantasmas tomarão o seu lugar
de preferido da morte permanente.

DA FRAUDE

Drummondiando Bandeira,
meu sentimento do mundo
me fraudou a vida inteira.

DO TEMPO

Relógio que,
mesmo atrasando,
não para de andar.

DAS OPÇÕES

Felizes aqueles que têm opções.
Infelizes aqueles que têm de optar.

DA SOLIDÃO

O homem sozinho
é o que mais descansa
de ter companhia.

Em compensação,
é o que mais trabalha
contra a solidão.

DO MATRIMÔNIO

Eis o matrimônio perfeito:
amar o EU e namorar o OUTRO.

DA PAIXÃO

A paixão é o único remédio
que se toma para viver
e se deixa de tomar
para não morrer.

DE PLATÃO E HYPNUS

Enquanto você dorme,
eu te amo.

DA AUSÊNCIA

Eu só queria deitar no colo daquela que não veio
para não precisar dizer à vida que as minhas lágrimas
são uma das muitas histórias que não aprendi a contar.

DO AUSENTE

Nas conversas que com ele eu jamais tive,
pergunta e resposta se completam apenas
em leitura silenciosa. Talvez por isso,
até hoje, eu só consiga ler em voz alta.

DO HUMOR

Em matéria de humor, dos grandes,
o melhor era o Millôr Fernandes.
(Mas, e o rei do riso? E o Chico Anísio?)

DA SUPERSTIÇÃO

Esse negócio de superstição dá um azar...

DA RAZÃO POR QUE DEUS É BRASILEIRO

O mapa do Brasil
é um Cristo de perfil.

DO PERFIL

O perfil mais nítido
é olhar-se de frente.

DOS DEFEITOS E DAS VIRTUDES

Tenho muitos defeitos como qualquer homem.
Tenho poucas virtudes como nenhum outro.

DA RESTAURAÇÃO

Alain Delon
ou Frankenstein,
é sempre bom
um re-design.

DOS MICROFONES

1

Dispenso microfone:
minha voz é potente;
meu discurso é fluente,
como alguém que tem nome.

Dispenso microfone:
meu olhar manipula;
minha mão gesticula,
como alguém que tem nome.

Dispenso microfone:
meu costume é de elite;
o talão, sem limite,
como alguém que tem nome.

Dispenso microfone:
o meu carro é do ano;
a saúde tem plano,
como alguém que tem nome.

2

Eu quero um microfone:
minha voz é tão fraca;
meu discurso não emplaca,
como quem só tem fome.

Eu quero um microfone:
meu olhar não tem foco;
minha mão, nenhum troco,
como quem só tem fome.

Eu quero um microfone:
minha roupa é refugo;
à miséria eu alugo,
como quem só tem fome.

Eu quero um microfone:
o sem rabo é meu carro;
a saúde, um escarro,
como quem só tem fome.

DA AVAREZA

Quem com ferro confere o troco devido,
jamais tem o cofre com ferro ferido.

DA ELOQUÊNCIA

Entrou falante,
saiu falado.

DOS ÓCULOS

Deixo às vezes meus óculos sem meus olhares,
e me vejo perdendo o foco dos reflexos.
Vou legando memória a todos os lugares
por onde passo e esqueço meus olhos anexos.

DOS PROFISSIONAIS DO SEXO

Não dou a mínima
pro que você sente,
mas dou o máximo
pra você sentir.

DO NARCISISMO PERFEITO

Narciso perfeito é o poeta:
enxerga o lado de dentro
do lado de fora do espelho.

DA PARLENDA

Cai, cai da mão,
inspiração.
Ai, cura a solidão.

Caia já,
caia já,
caia já
um haicai pra ser meu par.

DA MÍMESE

Ninguém é tão genial
a ponto de não ser imitado.
Porém, de tão imitado,
há quem até pareça genial.

DAS PUBLICAÇÕES

Há mais livros publicados do que escritos.

DO VOO DA ESCRITA

Voar é como escrever:
um permanente arrepio
de vencer o desafio
de o vazio preencher.

DO PALIMPSESTO

Tenho por hábito rascunhar no cérebro meus futuros escritos.
Para, após rasgar muitos neurônios, publicar o cérebro a limpo.

DO REQUISITO

Para entender de Mario Quintana,
não é necessário possuir diploma,
mas é indispensável ser quintanista.

DA SIMPLICIDADE

A simplicidade se esconde da gente a vida inteira
para mostrar que o caminho
que leva a gente a encontrar a gente mesmo
não é assim tão simples.

DA SIMPLORIEDADE

Desejo a paz do homem mais simplório,
que credita ao seu mundo território
de palavras singelas. Palavrório
só se faz necessário no escritório
das coisas apressadas, repertório
de acidentes urbanos, refeitório
de improvisados lanches, purgatório
de algum problema alheio, aleatório,
ou como quando alguém morre [velório],
ou como quando alguém noiva (casório).
O bairro já é quase dormitório
do sono interrompido, foguetório
a toda hora, a todo custo, empório
da falta de tornar-se mais simplório.

DO PIROPO

Não sou nenhum sedutor,
porém, tímido tampouco.
Não tenho uma bela voz,
entretanto, não sou rouco.
Resvalo no extrovertido.
Dou recado, *ma non troppo*.

Meu projeto de vaidade,
minha meta, meu escopo
tornar-se-á realidade
quando alcançar o auge, o topo
de ser o maior na arte
de encantar pelo piropo.

DA PRESSA

A pressa é parceira da perfeição, porque ser perfeito não é ser irretocável:
ser perfeito é ser completo, ser realizado.
Se não tivermos isso na teoria e na prática,
teremos como consolo apenas a irretocabilidade da não realização.
E não há como negar:
somos perfeitos em nossa imperfeição.
Portanto, vamos à realização, tenhamos pressa em ser perfeitos,
porque imperfeitos já somos de qualquer jeito.

III

SEMANÁRIO

O que me mata é o cotidiano. Eu queria só exceções.
Clarice Lispector

POEMA DE SEGUNDA-FEIRA

Hoje, de volta ao trabalho,
estamos mais vulneráveis.
O retorno da rotina
apaga o fim de semana.
Com tanto sono e cansaço,
somente um café expresso,
entre sabor e fumaça,
torna o dia suportável.

POEMA DE TERÇA-FEIRA

O corpo outra vez ereto
vence a preguiça de ontem.
Bem mais leve, bem mais solto,
não se entende mais inútil.
Espera o sinal fechar
e atravessa logo a rua,
por saber que falta um dia
para o meio da semana.
Volta para casa cedo.
Afinal, de qualquer modo,
foi dado o segundo passo.
Andar não é mais estranho.

POEMA DE QUARTA-FEIRA

A metade da semana
tem sabor de feriado.
Uma espécie de recreio
entre dois turnos diários.
A quem é comprometido,
é oportuno agendar
uma artimanha furtiva:
reunião imprevista.
A quem estiver solteiro,
a happy hour é praxe.
No chope corporativo,
o expediente prossegue.
Intervalo entre dois atos,
para espantar os problemas
e renovar o cenário,
a quarta está reservada.

POEMA DE QUINTA-FEIRA

Véspera do dia-bom,
pré-réveillon semanal.
Os bares se emocionam
com a chegada dos grupos.
O lazer se denuncia:
– Hoje é apenas o começo.
Os clientes não discutem
o trabalho e seus assuntos.
O semblante menos tenso.
O corpo se erige pleno,
corrompido pela meta,
não de resultado: farra.
As calçadas, mais descalças
dos sapatos apressados,
já toleram ambulantes:
restaurantes de chinelos.
O horário é só de entrada.
Não há sono responsável
que restrinja ou limite
a saída numa quinta.

POEMA DE SEXTA-FEIRA

Amanhecer sob festa,
numa alegria gratuita.
Independente, disposta.
Como acordar já de pé.
Trabalhar, na sexta, é um luxo.
O bom humor toma conta.
Como praticar um hobby
ou uma ação entre amigos.
Até o vestir-se difere.
Afinal, o dia exige
um certo despojamento
irresponsável do corpo.
As ruas não são mais ruas.
São vilas de gente viva.
Coletivo abraço urbano
ao descanso da semana.
Os decibéis ampliados
pelo tilintar dos copos
dourados e a falação
de quem se autopremia.
Anoitece eternamente.
Álcool e fumo se beijam.
A cidade, em caos, gargalha
a folia interminável.

POEMA DE SÁBADO

Um café preto bem forte
quase na hora do almoço.
Levantar cedo é um supérfluo.
Acordar tarde é um prazer.
Salões de beleza cheios.
Praias de gente apinhadas.
Filas no caixa eletrônico.
Shoppings consagram consumo.
Casamentos anacrônicos.
Batizados sonolentos.
Quinze anos: nove meses.
Aniversários em tribos.
Estranhamente vazias,
ruas e praças do Centro.
Exceto na Lapa, onde
fantasmas exumam vícios.
O dia, apesar de curto,
dispensa o relógio certo.
E prossegue noite adentro,
avançando o fuso horário.
Baladas, boates, bares.
É precoce ir para casa,
se o que não falta é saideira
com possíveis companhias.
É preciso recompor-se.
Enxaguar no rosto a esbórnia.
Conquistar, ainda, alguém
com quem prolongar o sábado.

POEMA DE DOMINGO

O dia amanhece trôpego.
De cansaço, de ressaca.
Mesmo o sol empalidece
ante a atmosfera fúnebre.
Turistas nos cemitérios.
Fanáticos nos canais:
esporte, religião,
diversão e besteirol.
Por pouco, inaproveitável.
A Quinta da Boa Vista,
praças de alimentação,
um passeio pela orla.
O churrasco de garagem.
O futebol de barriga.
A matinê melancólica.
A morbidez no semblante.
Como um feto malformado,
o domingo descarrega
desafetos pelos poros,
recalcados desamores.
E se arrasta pelas horas,
entrevado, de chinelos,
encerando o seu presente
pelo brilho do passado.
Se puder, não sai da cama.
Que dirá sair de casa!
Valoriza sua inércia
no seu traje mais surrado.
Não tem jeito nem feitio
de um início de semana.
Mais parece um moribundo
que resmunga, mas não morre.

IV

QUATRO ENSAIOS DE AMOR

Amor é sede depois de se ter bem bebido.
João Guimarães Rosa

PRIMEIRO ENSAIO

(Considerações Sobre a Arte em Vida)

Quintessência plural, singular e precisa.
Felicidade em não crescer de uma só vez.
De degrau por degrau, gradual nitidez
do que, embora real, mesmo assim realiza.
Como quando se encontram os corpos – nudez –
e depois viram almas em vértice-brisa.
Como a voz do poeta, do cantor que bisa,
amplificando a festa dentro de vocês.
Um estado que vai e que volta, desliza
em razão-emoção, em plena gravidez.
Permanente cuidado com o que profetiza.
A um tempo, se faz sombra e translucidez.
Para sempre, a criança que magnetiza:
em eterna certeza, eterno talvez.

SEGUNDO ENSAIO

(Da Maré Mineral e Seus Desdobramentos)

Tua língua marinha percorre-me as coxas,
como quem acredita banhar a montanha
com um simples roçar de ondas leves e roxas
em pegadas de mar, breve mar que me assanha
o meu talhe de rocha, de pedra molhada;
atitude teimosa em mover o suor
da lambida forjada em coral e braçada,
até quando alcançar altitude maior
vire um céu de rajadas, rasuras de luz
pelas cordas vocais do minério de Deus,
ereção magistral descerrando o capuz.
Já que o rio não cabe no leito ao revés,
quanto mais nele avancem salivas azuis,
tanto mais pela foz já lhe escorrem marés.

TERCEIRO ENSAIO
(Da Passagem Paisagem Adentro)

Escuta os mares... Têm sede do teu olhar
e estranham tua ausência nas ondas à praia.
As águas se tornaram insossas no cais:
retiravas do vento o passeio impreciso
nas pedras, flutuantes fotos do teu passo.
A brancura espumante reprisa os luares
rangendo de cegar: suor, nuvem, relâmpagos
– dilúvio! Sal e sêmen já perpetuados
na gravidez vermelha das novas manhãs.
Por que não mais te despes das vestes sem sol
e temperas de novo a paisagem de ti?
Penso-te penetrando descalça o retrato,
por pouco incinerado tamanha a saudade,
em plena embriaguez da tua permanência.

QUARTO ENSAIO

(Considerações Sobre o Diagnóstico Antropoético)

Não sou senão a impossibilidade de falar de mim a ti integralmente,
dispensando palavras – sintomas retificadores do silêncio.
O abraço renitente almeja beijar-te a alma, a ponto de esqueceres
de lançar mão outra vez do discurso dissimulador do encantamento,
como subterfúgio aos apelos recíprocos de entreolhares explícitos.
Vontade – quase implosão – de perdurar entre os lábios de tua entrega
à minha lira fulminantemente erigida sob o signo abissal do sorriso
e levitar contigo pelo improviso coreografado do amor em revisita.
Amar-te como poeta não me arrefece o impacto passional de reinventar
a posição amistosa de conhecer-te pelo tato afetuoso da admiração,
pelo confortável comprometimento social de datados encontros ao acaso,
transmutando-a em viril iniciativa sem paraquedas rumo à novidade.
Amar-te como homem é a revelação nas veias da poesia, ainda inédita,
que se encarrega de inocular em nós a sinestesia dos corpos em prosa e verso.

Este livro foi composto em Baskerville e impresso
nos parques da Rotaplan, na cidade do Rio de Janeiro